AF454994

VENTE

des 18 et 19 Mars 1907

A DEUX HEURES

HOTEL DROUOT -- SALLE N° 9

Objets du Japon

PORCELAINES — FAIENCES

BRONZES, IVOIRES, LAQUES, CLOISONNÉS

BRODERIES

Ayant figuré à l'Exposition de Milan

EXPOSITION PUBLIQUE, le Dimanche 17 Mars 1907, de 2 h à 6 h.

COMMISSAIRE-PRISEUR

Me Raymond PUJOS

Rue de Maubeuge, 29

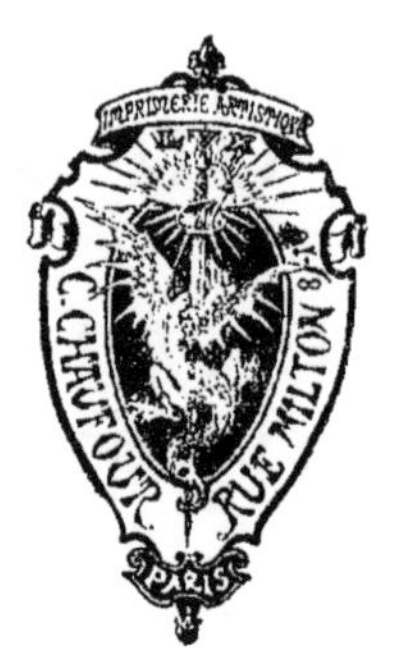
IMPRIMERIE ARTISTIQUE
C. CHAUFOUR
RUE MILTON 8
PARIS

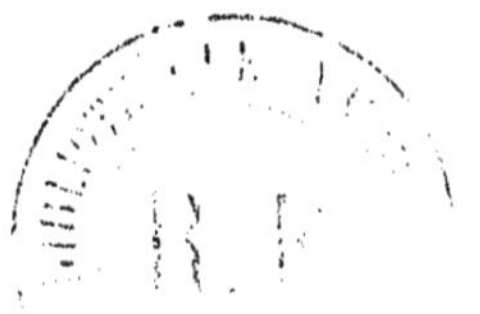

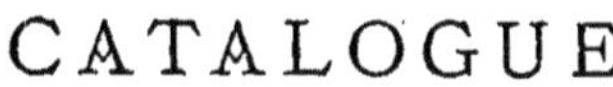

CATALOGUE

DES

Objets du Japon

PORCELAINES, FAÏENCES

BRONZES, IVOIRES, LAQUES, CLOISONNÉS

BRODERIES

Ayant figuré à l'Exposition de Milan

DONT LA VENTE AUX ENCHÈRES PUBLIQUES AURA LIEU

HOTEL DROUOT — SALLE N° 9

Les Lundi 18 et Mardi 19 Mars 1907

A 2 HEURES

COMMISSAIRE-PRISEUR :

Me Raymond PUJOS, 29, Rue de Maubeuge

EXPOSITION PUBLIQUE

Le Dimanche 17 Mars 1907, de 2 à 6 heures

CONDITIONS DE LA VENTE

La vente sera faite au comptant

Les acquéreurs paieront *dix pour cent* en sus des enchères.

L'Exposition mettant le public à même de se rendre compte de l'état des objets, aucune réclamation ne sera admise une fois l'adjudication prononcée.

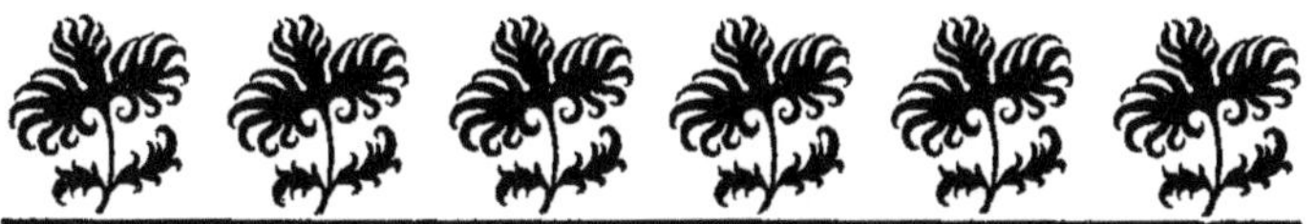

DÉSIGNATION

1 — Deux vases cloisonnés. Style ancien.

2 — Deux vases cloisonnés. Style ancien.

3 — Deux vases cloisonnés. Style ancien.

4 — Deux vases cloisonnés. Style ancien.

5 — Deux vases cloisonnés. Style ancien.

6 — Deux vases porcelaine de Kutani, dessin origine chinoise.

7 — Deux vases porcelaine de Kutani, dessin origine chinoise.

8 — Deux vases cloisonnés, fleurs.

9 — Deux vases cloisonnés, fleurs.

10 — Deux vases cloisonnés fleurs.

11 — Deux vases cloisonnés fleurs.

12 — Deux vases cloisonnés, fleurs.

13 — Deux vases, chrysanthème-glycine.

14 — Deux vases, chrysanthème-pavot.

15 — Deux vases porcelaine de Kutani, dessin origine chinoise.

16 — Deux vases porcelaine de Kutani, dessin origine chinoise.

17 — Deux vases porcelaine de Kutani, dessin origine chinoise.

18 — Deux vases cloisonnés. Style ancien.

19 — Deux vases cloisonnés. Style ancien.

20 — Deux vases cloisonnés, fleurs.

21 — Un vase porcelaine de Kyoto.

22 — Un vase porcelaine de Kyoto.

23 — Un vase cloisonné ancien.

24 — Trois théières cloisonnées.

25 — Deux vases cloisonnés rouge. Dessin cigogne-bambou.

26 — Un vase cloisonné fond jaune, pavot.

27 — Deux vases cloisonnés, iris-chrysanthème.

28 — Deux vases cloisonnés, rose.

29 — Deux vases cloisonnés, Hibiens mutabilis.

30 — Une petite boîte cloisonnée, cigogne.

31 — Deux vases cloisonnés, iris.

32 — Un bol cloisonné, iris.

33 — Un bol cloisonné, dragon.

34 — Deux vases cloisonnés, travail soin relief, chrysanthème-iris.

35 — Un vase cloisonné fond noir, pivoine.

36 — Un vase cloisonné, iris, cigogne.

37 — Deux vases cloisonnés, iris, glycine.

38 — Un vase cloisonné ancien.

39 — Deux vases porcelaine de Kutani, dessin origine chinoise.

40 — Deux vases porcelaine de Kutani, dessin origine chinoise.

41 — Un service pour thé, tête-à-tête, porcelaine de Kutani, dessin tout personnages, fleurs et oiseaux avec le plateau en porcelaine.

42 — Un service pour thé, tête-à-tête, porcelaine de Kutani, dessin tout personnages, fleurs et oiseaux avec le plateau en porcelaine.

43 — Deux vases cloisonnés. Style ancien.

44 — Deux vases cloisonnés, fleurs et oiseaux.

45 — Deux vases cloisonnés, fleurs et oiseaux.

46 — Deux vases cloisonnés, fleurs et oiseaux.

47 — Deux vases cloisonnés, fleurs et oiseaux.

48 — Deux vases cloisonnés. Style ancien.

49 — Deux vases cloisonnés, pivoine.

50 — Deux vases cloisonnés, pivoine,pavot.

51 — Deux vases cloisonnés, lis, roses.

52 — Deux vases cloisonnés, bégonia, évantiana, pavot.

53 — Deux vases cloisonnés, chrysanthème, rose.

54 — Deux vases cloisonnés. Style ancien.

55 — Deux vases cloisonnés. Style ancien.

56 — Deux vases cloisonnés. Style ancien.

57 — Deux vases cloisonnés, chrysanthème-plune.

58 — Deux vases cloisonnés, bambou, rose.

59 — Une jardinière cloisonnée, fleurs et oiseaux.

60 — Un vase cloisonné, dragon.

61 — Un vase cloisonné, glycine.

62 — Une jardinière cloisonnée, iris, héron.

63 — Un vase cloisonné noir, iris.

64 — Un vase cloisonné ancien.

65 — Un vase cloisonné, chrysanthème.

66 — Deux vases cloisonnés, rouge, pavot.

67 — Un bol cloisonné, iris et héron.

68 — Un vase cloisonné forme bambou, rouge.

69 — Deux vases cloisonnés, dragon.

70 — Un vase cloisonné rouge, iris.

71 — Deux vases cloisonnés sans fil.

72 — Un vase cloisonné relief, gentiane.

73 — Un vase cloisonné fond rouge, chrysanthème.

74 — Un vase cloisonné érable.

75 — Deux vases cloisonnés, travail soin relief, chrysanthème.

76 — Deux vases cloisonnés fond bleu, iris.

77 — Un brûle-parfum cloisonné, héron.

78 — Deux vases cloisonnés fond rouge, relief, iris.

79 — Un service pour thé, tête-à-tête porcelaine de Kutani, dessin tout personnages, fleurs et oiseaux avec le plateau en porcelaine.

80 — Un service pour thé, tête-à-tête porcelaine de Kutani, dessin tout personnages, fleurs et oiseaux avec le plateau en porcelaine.

81 — Un service pour thé, tête-à-tête porcelaine de Kutani, dessin tout personnages, fleurs et oiseaux avec le plateau en porcelaine.

82 — Deux vases porcelaine de Kutani.

83 — Deux vases porcelaine de Kutani.

84 — Deux vases cloisonnés, iris, cerise.

85 — Deux vases cloisonnés, héron.

86 — Deux vases cloisonnés, fleurs.

87 — Deux vases cloisonnés, fleurs.

88 — Deux vases cloisonnés. Style ancien.

89 — Deux vases cloisonnés. Style ancien.

90 — Deux vases cloisonnés. Style ancien.

91 — Deux vases cloisonnés. Style ancien.

92 — Deux vases cloisonnés, bambou, chrysanthème.

93 — Deux vases cloisonnés. Style ancien.

94 — Deux vases cloisonnés, fleurs.

95 — Deux vases cloisonnés, dragons.

96 — Deux vases cloisonnés, chrysanthème, bégonia, évential.

97 — Deux vases cloisonnés forme fleur, banane, lis.

98 — Deux vases cloisonnés forme fleur, plume convolvulus-major.

99 — Deux vases cloisonnés, chrysanthème, primevère.

100 — Deux vases cloisonnés fond bleu, lis.

101 — Un tableau de bois de fer, incrustation ivoire, dessin iris.

102 — Trois coupes porcelaine chinoise ancienne.

103 — Deux coupes porcelaine chinoise ancienne.

104 — Un bol porcelaine chinoise ancien.

105 — Une assiette porcelaine chinoise ancienne.

106 — Deux assiettes porcelaine chinoise ancienne.

107 — Deux assiettes porcelaine chinoise ancienne.

108 — Trois vases porcelaine chinoise ancienne.
109 — Un brûle-parfum pierre, chinois ancien.
110 — Un bol porcelaine chinoise ancienne.
111 — Un bol porcelaine chinoise ancienne.
112 — Un bol porcelaine chinoise ancienne.
113 — Un bol porcelaine chinoise Nankin.
114 — Un brûle-parfum jade ancien.
115 — Un vase porcelaine chinoise ancienne.
116 — Deux vases porcelaine chinoise ancienne.
117 — Trois assiettes porcelaine chinoise ancienne.
118 — Deux paravents chinois anciens.
119 — Deux vases porcelaine Satsuma.
120 — Deux bonbonnières porcelaine Satsuma.
121 — Une bonbonnière porcelaine Satsuma.
122 — Un bol porcelaine Satsuma.
123 — Deux vases porcelaine Satsuma, dessin dragon.
124 — Une bonbonnière porcelaine Satsuma.
125 — Un vase porcelaine Satsuma, chrysanthème.
126 — Un vase porcelaine Satsuma.
127 — Deux bonbonnières porcelaine Satsuma.
128 — Une théière porcelaine Satsuma.
129 — Une théière porcelaine Satsuma
130 — Une théière porcelaine Satsuma.
131 — Une bonbonnière porcelaine Satsuma.
132 — Un vase porcelaine Satsuma.
133 — Un vase porcelaine Satsuma.
134 — Un vase porcelaine Satsuma.

135 — Un vase porcelaine Satsuma.

136 — Un vase porcelaine Satsuma.

137 — Un bol porcelaine Imari ancien.

138 — Un bol porcelaine Bizen ancien.

139 — Un bol porcelaine de Corée ancien.

140 — Une bonbonnière porcelaine de Corée ancienne.

141 — Un vase porcelaine de Corée ancien.

142 — Un vase porcelaine Raku ancien.

143 — Un bol porcelaine Bizen ancien.

144 — Un bol porcelaine Cribe ancien.

145 — Un bol porcelaine Seto ancien.

146 — Une boîte à thé Natsume Zézé.

147 — Un bol porcelaine ancienne Takatori.

148 — Une pièce ornement porcelaine : Tigre, Bizen.

149 — Une pièce ornement porcelaine : Statue, Oribe.

150 — Un bol porcelaine chinoise ancienne.

151 — Un bol porcelaine Bizen ancien.

152 — Un vase porcelaine chinoise ancien.

153 — Un bol porcelaine Karaten.

154 — Une pièce ornement statue Kyoto.

155 — Une pièce ornement statue lion, Bigen ancien.

156 — Un bol porcelaine Imari.

157 — Une théière cloisonné sur porcelaine.

158 — Cinq coupes porcelaine ancien Kyoto.

159 — Quatre coupes porcelaine ancien Dohachi.

160 — Une pierre malechit pièce ornement.

161 — Un vase porcelaine Satsuma.

162 — Un vase porcelaine Satsuma.

163 — Un vase porcelaine Satsuma.

164 — Un vase porcelaine Satsuma.

165 — Un vase porcelaine Satsuma.

166 — Un vase porcelaine Satsuma.

167 — Un vase porcelaine Satsuma.

168 — Une bonbonnière porcelaine.

169 — Une coupe porcelaine Satsuma.

170 — Un bol porcelaine Satsuma.

171 — Un vase porcelaine Satsuma.

172 — Une bonbonnière porcelaine Satsuma.

173 — Une bonbonnière porcelaine Satsuma.

174 — Une bonbonnière porcelaine Satsuma.

175 — Une bonbonnière porcelaine Satsuma.

176 — Un vase porcelaine Satsuma.

177 — Une bonbonnière porcelaine Satsuma.

178 — Un vase porcelaine Satsuma.

179 — Un vase porcelaine Satsuma.

180 — Deux ivoires ancien Netsuké.

181 — Deux ivoires ancien Netsuké.

182 — Deux ivoires ancien Netsuké.

183 — Deux ivoires ancien Netsuké.

184 — Deux ivoires ancien Netsuké.

185 — Une pierre ornement de bois Dharuma.

186 — Trois inro laque ancien.

187 — Deux boites laque ancien.

188 — Une boite laque ancien.

189 — Une boite incrustation ivoire.

190 — Une boite incrustation, dessin oiseaux et vague.

191 — Deux pièces ornements.

192 — Deux pièces ornements.

193 — Un vase cloisonné chinois ancien.

194 — Un vase cloisonné chinois ancien.

195 — Une statue bronze ancien Kavannon.

196 — Deux vases cloisonné rose.

197 — Deux vases cloisonné, glycine lis.

198 — Deux vases forme hexagone herbe.

199 — Une jardinière cloisonnée, pavot.

200 — Un vase cloisonné fond rouge transparent relief.

201 — Une jardinière cloisonné orchis.

202 — Deux vases cloisonné sans fil, iris.

203 — Un vase cloisonné sans fil, iris.

204 — Un vase cloisonné sans fil, glycine.

205 — Un vase cloisonné chinois ancien.

206 — Deux vases cloisonné, vue de Mont de Fuji.

207 — Un vase cloisonné, Paulawina relief, forme hexagone, au printemps.

208 — Un vase cloisonné, sur argent pure, bambou.

209 — Un vase cloisonné, sur argent pur, iris.

210 — Un vase cloisonné, sur argent pur, fond violet, pivoine.

211 — Un vase cloisonné, sur argent, fond violet, iris.

212 — Un vase cloisonné, sur argent, herbe, automne.

213 — Un vase cloisonné, pur argent, magnoria.

214 — Un vase cloisonné, pur argent, chrysanthème.

215 — Un vase cloisonné, pur argent, dragon.

216 — Un vase cloisonné, pur argent, pivoine.

217 — Un vase cloisonné, pur argent, camélia.

218 — Un bol cloisonné, forme chrysanthème rouge.

219 — Une boite cloisonnée relief, plume.

220 — Deux vases fer incrustation d'or et argent.

221 — Deux vases cloisonnés, fond bleu, papillon.

222 — Un vase cloisonné, sur argent rouge cloisonné.

223 — Un vase cloisonné relief, Alaie.

224 — Un vase cloisonné, Bijinso.

225 — Une armoire laque d'or incrustation ivoire.

226 — Une table japonaise.

227 — Deux vases cloisonné, sans fil, iris.

228 — Deux vases cloisonné, saule, cerise.

229 — Un bol cloisonné, dragon.

230 — Deux vases cloisonné, rose, iris.

231 — Deux vases cloisonné, pavot, alacé.

232 — Deux vases cloisonné, pavot, alacé.

233 — Deux vases cloisonné, lis.

234 — Deux vases cloisonné, style ancien.

235 — Deux vases cloisonné, style ancien.

236 — Deux vases cloisonné, style ancien.

237 — Deux vases cloisonnés, dessin chrysanthème.

238 — Deux vases cloisonné, hortensia.

239 — Deux vases cloisonné, iris, prune.

240 — Un vase cloisonné, cigogne

241 — Un vase cloisonné, primevère.

242 — Un vase cloisonné, heren.

243 — Deux vases cloisonné, fond bleu, lis.

244 — Un vase cloisonné, heren.

245 — Deux vases cloisonné, fleurs.

246 — Deux vases cloisonné, iris, chrysanthème.

247 — Un vase cloisonné, iris.

248 — Deux vases cloisonné, iris.

249 — Deux vases cloisonné, iris, pavot.

250 — Un vase cloisonné, iris.

251 — Deux vases cloisonné, fleurs.

252 — Deux vases cloisonné, iris, bambou.

253 — Deux vases cloisonné, forme hexagone, rose.

254 — Deux vases cloisonné, chrysanthème.

255 — Un vase cloisonné, alacée.

256 — Deux vases porcelaine de Kutani.

257 — Deux vases porcelaine de Kutani.

258 — Deux vases porcelaine de Kutani.

259 — Deux vases cloisonné, style ancien.

260 — Deux vases cloisonné, style ancien.

261 — Deux vases cloisonné, style ancien, forme hexagone.

262 — Deux vases cloisonné, fleurs.

263 — Deux vases cloisonné, fleurs.

264 — Deux vases cloisonné, fleurs.

265 — Deux vases cloisonné, fleurs.

266 — Deux vases cloisonné, style ancien.

267 — Deux vases cloisonné, fleurs.

268 — Deux vases cloisonné, fleurs.

269 — Deux vases cloisonné, fleurs.

270 — Deux vases cloisonné, fleurs.

271 — Deux vases cloisonné, fleurs.

272 — Deux vases cloisonné, dessin iris.

273 — Deux vases cloisonné, primevère.

274 — Deux vases cloisonné, pavot, iris.

275 — Deux vases cloisonné, glycine, asagao.

276 — Un vase cloisonné ancien.

277 — Deux vases cloisonné, poisson rouge.

278 — Un vase cloisonné, iris.

279 — Deux vases cloisonné, dragon.

280 — Deux vases cloisonné, dragon.

281 — Un vase cloisonné, fond rouge, iris.

282 — Un vase cloisonné, érable, pigeon.

283 — Deux vases cloisonné, iris.

284 — Deux vases cloisonné, relief camélia.

285 — Deux vases cloisonné, rose.

286 — Deux vases cloisonné, relief gentiane.

287 — Deux vases cloisonné bleu, gentiane.

288 — Deux vases cloisonné rouge, lis.

289 — Un vase cloisonné, forme fleur, rose fleur.

290 — Un vase cloisonné bleu, iris.

291 — Un plateau cloisonné, style ancien.

292 — Deux vases cloisonné bleu, glycine.

293 — Un vase cloisonné, relief pavot.

294 — Un brûle-parfum cloisonné, dragon.

295 — Deux brûle-parfum cloisonné, chysanthème, alacé.

296 — Deux vases cloisonné, style ancien.

297 — Un service pour thé, porcelaine Antani.

298 — Un service pour thé, porcelaine Antani.

299 — Deux vases cloisonné, style ancien.

300 — Deux vases cloisonné, iris, pavot.

301 — Deux vases cloisonné, pavot, pivoine.

302 — Deux vases cloisonné, camélia, pavot.

303 — Deux vases cloisonné, fleurs.

304 — Deux vases cloisonné, fleurs.

305 — Deux vases cloisonné, fleurs.

306 — Deux vases cloisonné, bambou et pivoine.

307 — Deux vases cloisonné, glycine, primevère.

308 — Deux vases cloisonné, fleurs.

309 — Deux vases cloisonné, fleurs.

310 — Deux vases cloisonné, iris.

311 — Deux vases cloisonné, chrysanthème.

312 — Deux vases cloisonné, fleurs.

313 — Deux vases cloisonné, fleurs.

314 — Deux vases cloisonné, dragon, vague.

315 — Deux vases cloisonné, iris, rose.

316 — Un porte-laque ancien Tsuishi.

317 — Un porte-laque ancien Tsuishi.

318 — Un porte-laque ancien Tsuishi.

319 — Un porte-laque double ancien.

320 — Un porte-laque incrustation ivoire.

321 — Un porte-laque incrustation ivoire, fleur.

322 — Un porte-laque incrustation ivoire, vague et oiseaux.

323 — Un porte-laque ancien.

324 — Un plateau laque ancien Tsuishi.

325 — Un porte-métal doré ancien.

326 — Un brûle-parfums bronze chinois.

327 — Une pièce ornement bois Kuwannou.

328 — Une statue bronze Kuwannou.

329 — Un Tsuba or et cuivre ancien.

330 — Deux Tsuba or et cuivre ancien.

331 — Deux Tsuba or et cuivre ancien.

332 — Six Garde de sabre or et cuivre ancien.

333 — Six Garde de sabre or et cuivre ancien.

334 — Cinq Garde de sabre or et cuivre ancien.

335 — Une armure japonaise ancienne.

336 — Un tableau incrustation ivoire.

337 — Un vase cloisonné chinois ancien.

338 — Un vase cloisonné chinois ancien.

339 — Un brûle-parfum cloisonné style ancien, fil doré.

340 — Un plateau cloisonné forme fleur, fil doré.

341 — Deux vases cloisonnés, style ancien.

342 — Deux vases cloisonnés, style ancien.

343 — Deux vases cloisonnés, style ancien.

344 — Deux vases cloisonnés, style ancien.

345 — Un paravent laque d'or, incrustation ivoire.

346 — Une boucle ceinture cloisonné, fleurs diverses.

347 — Deux vases cloisonnés Heron.

348 — Deux brûles-parfums cloisonnés rouge transparent, Dragon et pavot.

349 — Deux vases cloisonnés, roses.

350 — Deux vases cloisonnés forme fleur, iris.

351 — Deux vases cloisonnés, fleurs.

352 — Deux vases cloisonnés, iris.

353 — Deux vases cloisonnés, pavot, dragon.

354 — Deux vases cloisonnés, Heren.

355 — Deux vases cloisonnés, primevère.

356 — Deux vases cloisonnés, glycine, banane.

357 — Deux pièces ornement ivoire, chien et cheval.

358 — Deux pièces ornement ivoire, ours, lion.

359 — Deux pièces ornement ivoire, chien.

360 — Deux pièces ornement ivoire, dragon, oie.

361 — Deux pièces ornement ivoire, singe, chien.

362 — Deux netsuké ivoire.

363 — Deux netsuké ivoire.

364 — Deux netsuké ivoire.

365 — Deux netsuké ivoire.

366 — Deux netsuhé ivoire.

367 — Deux netsuké ivoire.

368 — Deux netsuké ivoire.

369 — Trois ivoires, trois singes.

370 — Trois ivoires, trois singes.

371 — Trois ivoires, trois singes.

372 — Trois ivoires, trois singes.

373 — Un ivoire, oiseaux sur un panier.

374 — Un ivoire, dame japonaise et son fils

375 — Un ivoire, singe.

376 — Un ivoire, trois éléphants en groupe.

377 — Un ivoire, éléphant.

378 — Un ivoire, statue personnage.

379 — Un ivoire, passage éléphant sur pont.

380 — Un ivoire, statue personnage.

381 — Un ivoire, sangliers sur pont.

382 — Deux vases cloisonnés, chrysanthème, dragon.

383 — Deux vases cloisonnés, rose.

384 — Deux vases cloisonnés, rose, herbe.

385 — Deux vases cloisonnés, lis, rose.

386 — Deux vases cloisonnés, iris, chrysanthème.

387 — Deux vases cloisonnés, dragon.

388 — Deux vases cloisonnés fond bleu, glycine.

389 — Un vase cloisonné, héron, iris.

390 — Un vase cloisonné sans fil, iris.

391 — Deux vases cloisonnés, iris.

392 — Un vase cloisonné fond bleu, papillon.

393 — Un vase cloisonné, pivoine.

394 — Deux vases cloisonnés, primevère.

395 — Deux vases cloisonnés, herbe, bambou.

396 — Deux vases cloisonnés, primevère. rose.

397 — Un brûle-parfum cloisonné chinois, ancien.

398 — Un vase cloisonné, pur argent, fleur.

399 — Un vase cloisonné, pur argent, fleur.

400 — Un vase cloisonné forme carrée.

401 — Un vase cloisonné, pur argent, bambou.

402 — Un vase cloisonné, pur argent, chrysanthème.

403 — Un vase cloisonné, pur argent, relief raisin.

404 — Un vase cloisonné, pur argent, fond violet, fleur.

405 — Un vase cloisonné, pur argent, hortensia.

406 — Un vase cloisonné, pur argent, glycine.

407 — Deux vases cloisonnés fil d'or, fond bleu fonce, prêle.

408 — Un vase cloisonné, relief camélia.

409 — Un vase cloisonné, pur argent, fond violet hagi.

410 — Un brûle-parfum fer, incrustations d'or et d'argent.

411 — Un vase cloisonné pur argent, dragon et vague.

412 — Un brûle-parfum, pur argent, iris.

413 — Un vase cloisonné, pur argent, forme fleur.

414 — Un vase cloisonné, pur argent, dragon et vague.

415 — Un brûle-parfum cloisonné, style ancien.

416 — Deux vases cloisonnés fil d'or, œillet japonais.

417 — Un vase cloisonné fond bleu fort, fil d'or, fleur.

418 -- Deux vases cloisonnés relief, plune.

419 — Un service pour thé cloisonné.

420 — Une pièce broderie Fukusa.

421 — Une pièce broderie Fukusa.

422 — Une pièce broderie Fukusa.

423 — Une pièce broderie Fukusa.

424 — Une pièce broderie Fukusa.

425 — Une pièce broderie Fukusa.

426 — Une pièce broderie Fukusa.

427 — Une pièce broderie Fukusa.

428 — Une pièce broderie Fukusa.

429 — Une pièce broderie Fukusa.

430 — Une pièce broderie Fukusa.

431 — Une pièce broderie Fukusa.

432 — Une pièce broderie Fukusa.

433 — Une pièce broderie Fukusa.

434 — Une pièce broderie Fukusa.

435 — Une pièce broderie Fukusa.

436 — Une pièce broderie Fukusa.

437 — Une pièce broderie Fukusa.

438 — Une pièce broderie Fukusa.

439 — Une pièce broderie Fukusa

440 — Une pièce broderie Fukusa.

441 — Une pièce broderie Fukusa.

442 — Une pièce broderie Fukusa.

443 — Une pièce broderie Fukusa.

444 — Une pièce broderie Fukusa.

445 — Un tableau de broderie. Vue de pont.

446 — Un tableau de broderie. Vue de bateau.

447 — Un tableau de broderie. Vue de la Mont. Fuji.

448 — Un tableau cloisonné sans fil. Lune.

449 — Un tableau cloisonné sans fil. Oie.

450 — Un tableau cloisonné sans fil. Bambou et coque.

451 — Deux vases cloisonné sans fil. Pigeon.

452 — Un bol cloisonné sans fil. Magnoria.

453 — Un vase cloisonné sans fil. Iris.

454 — Deux vases, cloisonné relief. Fleur japonaise.

455 — Un vase cloisonné fil d'or. Héron.

456 — Un vase cloisonné fil d'or. Homère.

457 — Un vase cloisonné. Fleur Asagoso.

458 — Un vase cloisonné. Héron et fleur Automne.

459 — Un vase cloisonné. Colombine et papillon.

460 — Deux vases cloisonnés, style ancien, les plus grands vases jamais produits.

461 — Deux vases cloisonnés. Iris.

462 — Un vase cloisonné. Magnoria.

463 — Un vase cloisonné. Fleur Automne.

464 — Deux vases cloisonnés. Camélia et pivoine.

465 — Deux vases cloisonnés. Poisson.

466 — Un vase cloisonné. Héron rouge transparent.

467 — Un vase cloisonné. Iris.

468 — Deux vases cloisonnés fond bleu iris.

469 — Un bol cloisonné forme chrysanthème.

470 — Deux vases cloisonnés. Dragon.

471 — Deux vases cloisonnés. Plume.

472 — Deux vases cloisonnés. Fleurs.

473 — Deux vases cloisonnés. Fleurs.

474 — Deux vases cloisonnés. Fleurs.

475 — Deux vases cloisonnés. Fleurs.

476 — Deux vases cloisonnés. Fleurs.

477 — Un service pour thé, porcelaine de Kutani.

478 — Un service pour thé, porcelaine de Kutani.

479 — Deux vases cloisonnés.

480 — Un vase cloisonné, fleur.

481 — Un vase cloisonné, héron.

482 — Un vase cloisonné, raisin.

483 — Un vase cloisonné, fleurs.

484 — Un vase cloisonné, fleurs.

485 — Un vase cloisonné, iris, pavot.

486 — Deux vases cloisonnés, fleurs.

487 — Deux vases cloisonnés, fleurs.

488 — Deux vases cloisonnés, style ancien.

489 — Deux vases cloisonnés, style ancien.

490 — Deux vases cloisonnés, style ancien.

491 — Deux vases cloisonnés, style ancien.

492 — Deux vases cloisonnés, style ancien.

493 — Quatre vases, porcelaine de Kutani.

494 — Quatre vases, porcelaine de Kutani.

495 — Trois vases, dessin, origine chinois.

www.ingramcontent.com/pod-product-compliance
Ingram Content Group UK Ltd.
Pitfield, Milton Keynes, MK11 3LW, UK
UKHW021039260726
13994UKWH00005B/2257

9 782329 520803